KB200462

구약

1

위대한 시작

가스펠 프로젝트 영유아부

구약 1

위대한 시작

지은이 | LifeWay Kids
옮긴이 | 권혜신
감　수 | 김병훈

초판 발행 | 2020. 5. 11
2판 1쇄 발행 | 2023. 10. 30
등록번호 | 제1988-000080호
등록된 곳 | 서울특별시 용산구 서빙고로65길 38
발행처 | 사단법인 두란노서원
영업부 | 02) 2078-3352, 3452, 3752, 3781
　　　　FAX 080-749-3705
편집부 | 02) 2078-3437

활동 연구 | 고은님·김현숙·유은정
　　　　　 진명선·홍선아·황세희

책값은 뒤표지에 있습니다.
ISBN 978-89-531-4651-8 04230
　　　 978-89-531-4650-1 (세트)

홈페이지 | gospelproject.co.kr
두란노몰 | mall.duranno.com

**The Gospel Project
for Babies and Toddlers**

is published quarterly by LifeWay Christian Resources, One LifeWay Plaza, Nashville, TN 37234, Ben Mandrell, President
© 2015 LifeWay Christian Resources
Translated and used by permission of LifeWay Christian Resources

This Korean translation edition © 2020 by Duranno Ministry, 38, Seobinggo-ro 65-gil, Yongsan-gu, Seoul, Republic of Korea. Published by arrangement with LifeWay Christian Resources

차례

1 창조의 하나님

2 언약을 맺으시는 하나님

3 언약을 지키시는 하나님

THE GOSPEL PROJECT / THE STORY BEGINS

하나님이 세상을 창조하셨어요

맨 처음에는 아무것도 없었어요. 하나님만 계셨지요. 하나님이 이 세상의 모든 것을 만드셨어요. 빛, 하늘, 바다와 땅, 해, 달, 별, 물속에서 헤엄치는 물고기와 하늘을 나는 새, 그리고 모든 동물을 만드셨어요. 하나님이 만드신 것은 다 좋았어요. 하나님이 모든 것을 다스리세요.

3

하나님은 무엇을 창조하셨나요?

맨 처음에는 아무것도 없었어요. 하나님만 계셨지요. 하나님이 세상을 만드셨어요. 말씀으로 이 모든 것을 6일 만에 만드셨어요. 41쪽 '창조 그림' 스티커를 떼어 알맞은 자리에 붙여 보세요.

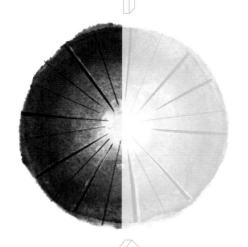

 이야기 나누기

이 세상은 누가 만드셨나요? 하나님이 세상을 만드셨어요.
하나님이 세상의 모든 것을 만드셨어요.

하나님이 사람을 창조하셨어요

하나님이 모든 것을 만드셨어요. 하나님이 사람도 만드셨어요. 흙으로 남자를 만드시고 생명을 불어넣으셨어요. 그 남자의 갈비뼈로 여자를 만드셨지요. 하나님이 만드신 사람은 하나님을 닮았어요. 하나님은 사람을 사랑하세요. 하나님이 모든 것을 다스리세요. 하나님이 사람을 다스리세요.

하나님이 사람을
만드셨어요

하나님이 만드신 친구들의 얼굴을 꾸며 보아요. 친구들의 얼굴 그림에 각각 무엇이 없나요? 41쪽 '눈, 코, 입, 귀' 스티커로 얼굴을 꾸며 보세요.

 이야기 나누기

하나님이 모든 것을 만드셨어요. 우리도 하나님이 만드셨어요. 아주 특별하게 하나님을 닮게 만드셨지요. 하나님은 우리를 사랑하세요! 하나님은 이 세상 모든 것과 우리를 다스리세요.

죄가 세상에 들어왔어요

아담과 하와는 하나님이 먹지 말라고 하신 열매를 먹고 말았어요. 하나님이 정해 주신 규칙을 어긴 거예요. 이것을 죄라고 해요. 하나님은 그들을 동산 밖으로 좇아내셨어요. 그래도 하나님은 여전히 아담과 하와를 사랑하셨어요. 하나님은 하나님의 아들이신 예수님을 보내셔서 사람들을 구원하실 거예요.

아담과 하와를 찾아요

아담과 하와는 어디에 있나요? 아담과 하와는 왜 숨었을까요? 41쪽 '하트' 스티커를 떼어 아담과 하와에게 붙이며 "잘못할 때도 하나님은 우리를 사랑하세요"라고 말해 주세요.

😊 이야기 나누기

하나님이 모든 것을 만드셨어요. 사람도 하나님이 만드셨어요. 하나님은 모든 것을 다스리세요. 그런데 하나님의 말씀을 따르지 않고 잘못된 선택을 한 아담과 하와는 하나님을 피해 숨었어요.

THE GOSPEL PROJECT / THE STORY BEGINS

4 가인과 아벨이 제물을 드렸어요

아담과 하와는 두 아들을 낳았어요. 가인과 아벨이 하나님께 곡식과 양을 드렸는데 하나님은 아벨이 드린 제물만 기쁘게 받으셨어요. 가인은 하나님의 말씀을 듣지 않고 아벨을 해쳤어요. 하나님은 가인에게 벌을 주셨어요. 하지만 아무도 가인을 해치지 못하게 하셨어요. 아담과 하와의 가족은 하나님께 순종하지 않았어요.

양털 붙이기

죄의 확산

아벨은 하나님께 양을 드렸어요

양을 살펴보세요. 양에게 어울리는 털을 붙이고, 만져 보세요.

준비물 ▶ 솜, 풀

 이야기 나누기

하나님은 아벨이 드린 양만 기쁘게 받으셨어요. 가인은 화가 났고 동생 아벨을 해쳤어요. 아담과 하와의 가족은 하나님 말씀에 순종하지 않았어요. 우리도 하나님 말씀에 순종하지 않는 '죄'를 지어요. 그러나 하나님은 우리를 사랑하셔서 예수님을 보내셨어요.

 5

하나님이 노아와 가족을 구해 주셨어요

하나님은 하나님을 사랑하고 하나님께 순종하게 하려고 사람을 만드셨어요. 하지만 사람은 잘못된 일만 하고 싶어 했어요. 하나님은 이 땅에 큰 홍수를 보내기로 하셨어요. 하나님은 노아에게 방주를 만들라고 말씀하셨어요. 하나님은 방주에 탄 사람들과 동물들을 안전하게 지켜 주셨어요.

노아의 방주에는 누가 탔을까요?

29쪽 '방주' 그림을 떼어 접는 선대로 접었다 편 뒤 '풀칠' 표시에 풀을 발라 붙이세요.
문을 열고 안쪽에 41쪽 '동물' 스티커를 붙이세요. 동물 도장을 찍어도 좋아요.

준비물 ▶ 풀

구원의 방주

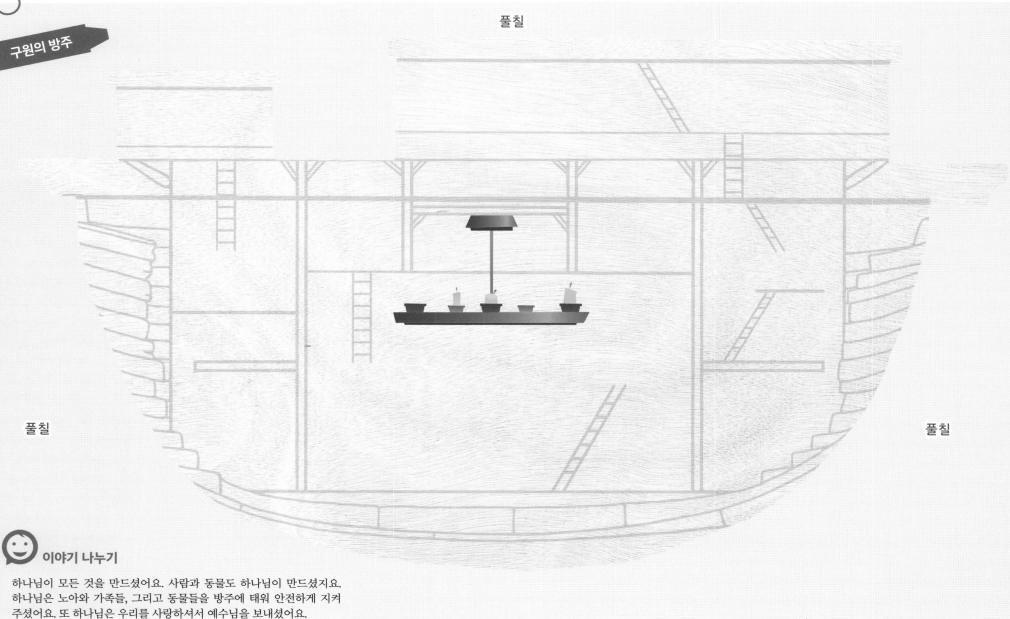

풀칠

풀칠

풀칠

😊 이야기 나누기

하나님이 모든 것을 만드셨어요. 사람과 동물도 하나님이 만드셨지요.
하나님은 노아와 가족들, 그리고 동물들을 방주에 태워 안전하게 지켜
주셨어요. 또 하나님은 우리를 사랑하셔서 예수님을 보내셨어요.

6 바벨탑을 쌓던 사람들이 흩어졌어요

사람들은 여러 곳으로 흩어져 살면서 자녀를 많이 낳으라는 하나님의 말씀에 순종하지 않았어요! 사람들은 모여 살면서 도시를 세우고 탑을 쌓기 시작했어요. 그래서 하나님은 사람들의 말을 뒤섞어 버리셨어요. 서로가 하는 말을 알아들을 수 없게 된 사람들은 온 세상으로 흩어졌어요. 언젠가 예수님은 사람들을 다시 모으실 거예요.

그림 찾아 붙이기

사람들의 교만

흩어졌던 사람들이 다시 모여요

33쪽 '탑' 그림과 31쪽 '나무 조각' 그림을 떼어 풀로 붙여 탑을 쌓고 십자가를 만드세요. 31쪽 '사람들' 그림을 떼어 알맞은 곳에 붙여 흩어졌던 사람들이 예수님의 십자가 앞으로 다시 모이는 장면을 꾸며 보세요.

준비물 ▶ 풀

 이야기 나누기

하나님이 모든 것을 만드셨어요. 하나님이 만드신 사람들이 하나님의 명령을 따르지 않고 바벨탑을 쌓았어요. 하나님은 그들이 서로 말을 알아들을 수 없게 하시고 뿔뿔이 흩어지게 하셨어요. 언젠가 예수님은 하나님의 자녀들을 다시 모아 예배하게 하실 거예요.

14

하나님이 아브라함과 언약을 맺으셨어요

하나님이 아브라함에게 아주 특별한 약속을 하셨어요. 아브라함이 하늘의 별처럼 많은 자녀를 낳게 될 것이고, 그 자손을 통해 온 세상이 복을 받게 하겠다고 하셨어요. 하나님은 언제나 약속을 지키세요. 하나님은 예수님을 아브라함의 자손으로 보내겠다고 약속하셨어요.

하나님의 약속

약속의 별을 세어 보아요

하늘의 별을 세어 보세요. 41쪽 '별' 스티커를 붙이며 다시 별을 세어 보세요.

 이야기 나누기

별이 정말 많지요? 하나님은 이렇게 많은 별과 같이 아브라함의
집에 아기가 많이 태어나 아브라함의 자손이 많을 것이라고 약속
하셨어요. 하나님은 언제나 약속을 지키세요!

8

하나님이 아브라함을 시험하셨어요

아브라함은 나이가 아주 많을 때 이삭을 낳았어요. 하나님은 아브라함이 세상에서 하나님을 가장 사랑하는지 알고 싶으셨어요. 하나님은 아브라함에게 이삭을 제물로 바치라고 하셨어요. 아브라함은 순종했어요. 하나님은 이삭 대신 제물로 바칠 숫양을 준비해 주셨어요. 하나님은 예수님을 아브라함의 자손으로 보내겠다고 약속하셨어요.

17

제물이 될 숫양을 찾아요

아브라함의 믿음

풀숲에 숨어 있는 숫양을 찾아 ○표 하세요.

준비물 ▶ 색연필

 **이야기 나누기**

하나님이 아브라함에게 약속하셨어요. 사람은 하나님을 세상에서 가장
사랑해야 해요. 아브라함은 하나님을 사랑했기 때문에 하나님께 순종했
어요. 아브라함은 하나님이 언제나 약속을 지키시는 분이라고 믿었어요.

하나님이 다시 약속하셨어요

하나님은 아브라함과 이삭과 야곱에게 셀 수 없이 많은 자손을 주시고 그 자손을 통해 온 세상이 복을 받게 하겠다고 약속하셨어요. 야곱은 꿈에서 하늘까지 이르는 큰 사다리를 보았어요. 하나님은 "두려워하지 말라. 내가 너와 함께 있다"라고 말씀하셨어요. 하나님은 언제나 약속을 지키세요.

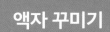

약속의 가족이 되어요

가족사진을 붙여 가족 액자를 만들어 보세요. 그림으로 그려도 좋아요.

준비물 ▶ 가족사진, 풀, 색연필

 이야기 나누기

하나님은 약속하셨어요. 아브라함과 이삭과 야곱에게 자손을
많이 주시겠다고요. 예수님을 아브라함의 자손으로 보내시겠다
는 약속도 하셨어요. 하나님은 언제나 약속을 지키세요.

 10 야곱이 복을 가로챘어요

야곱과 에서는 쌍둥이 형제였어요. 에서는 하나님이 큰아들에게 주시는 특별한 선물을 야곱의 팥죽 한 그릇과 바꿔 버렸어요. 야곱은 아버지를 속여 형 에서가 받을 복을 대신 받았어요. 야곱은 화가 난 형을 피해 멀리 떠나야 했어요. 하지만 하나님은 야곱에게 복을 주려는 계획을 포기하시지 않았어요.

복 주시는 하나님

나는 누구일까요?

에서와 야곱은 쌍둥이 형제예요. 누가 형 에서이고 누가 동생 야곱일까요?
42쪽 '야곱과 에서 꾸미기' 스티커를 살펴보고 선생님 이야기를 들으며
에서와 야곱을 꾸며 보세요.

 이야기 나누기

이삭에게는 쌍둥이 아들이 있었어요. 하나님은 동생 야곱에게 복을 주시기로 계획하셨어요. 그런데 야곱은
아버지를 속이고 형이 받을 복을 가로챘어요. 야곱은 형 에서가 무서워서 도망가야만 했어요. 하지만 하나
님은 야곱의 자손으로 예수님을 보내실 계획을 포기하시지 않았어요. 하나님의 계획은 완벽해요.

 11

하나님이 야곱에게 새 이름을 주셨어요

하나님은 야곱에게 고향으로 돌아가라고 말씀하셨어요. 야곱은 무서워서 기도했어요. 야곱은 누군가와 밤새 씨름했어요. 하나님이셨어요! "저에게 복을 주세요." 하나님은 야곱에게 '이스라엘'이라는 새 이름을 주셨어요. 야곱의 자손은 이스라엘이라는 나라가 되었어요. 하나님은 예수님을 이스라엘(야곱)의 자손으로 보내셨어요.

새 이름을 주셨어요

- - - 표시를 따라 선을 긋고 선생님을 따라 하나님이 야곱에게 주신 새 이름을 읽어 보세요.

준비물 ▶ 색연필

새 이름, 새사람

이스라엘

"두려워하지 말라. 내가 너와 함께 있다."

 이야기 나누기

하나님은 야곱을 사랑하셨어요. 형 에서를 만나기가 무서웠던 야곱은 하나님께 기도했어요. 하나님은 야곱을 돌봐 주셨고, 그의 이름을 이스라엘로 바꿔 주셨어요. 하나님의 계획은 완벽해요.

THE GOSPEL PROJECT / THE STORY BEGINS

12 요셉이 이집트로 팔려 갔어요

야곱에게는 열두 명의 아들이 있었는데 그중에서 요셉을 가장 사랑했어요. 요셉에게 화가 난 형들은 요셉을 이집트에 보내 버렸어요. 이집트에서 요셉은 억울하게 벌을 받았어요. 하지만 하나님은 요셉과 함께하셨어요. 요셉은 이집트의 파라오가 꾼 꿈을 설명해 주었어요. 요셉은 곡식을 모으는 일을 맡게 되었어요.

하나님의 계획
기억하기

하나님이 요셉과
함께하세요

하나님은 요셉이 어디에 있든지 무엇을 하든지 언제나 함께하셨어요.
요셉 옆에 42쪽 '하나님의 사랑' 스티커를 붙여 주세요.

 이야기 나누기

하나님은 요셉이 어디에 있든지 언제나 함께하셨어요.
하나님의 계획은 언제나 좋고 완벽해요.

13 **요셉의 꿈이 이루어졌어요**

요셉의 형들은 곡식을 사기 위해 요셉을 만나 절을 했어요. 요셉이 꿈에서 본 것처럼 말이에요. 요셉은 형들에게 요셉을 이집트로 보내신 분은 하나님이시라고 말했어요. 하나님의 계획은 완벽해요. 하나님은 먹을 것을 주시려고 이스라엘(야곱)의 가족을 이집트로 데려오셨어요. 아무것도 하나님의 계획을 막을 수 없어요.

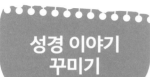

성경 이야기
꾸미기

약속을 이루시는
하나님

하나님의 계획은 완벽해요

42쪽 '요셉의 형들' 스티커를 떼어 형들이 요셉에게 절하는 장면을 꾸며 보세요.

 이야기 나누기

형들과 만난 요셉은 형들에게 화내지 않았고 자기를 해치려고 한 형들을 용서했어
요. 그 모든 일이 가족들을 구하시려는 하나님의 계획이었음을 알았기 때문이에요.
하나님은 우리를 위한 좋은 계획을 갖고 계세요. 하나님의 계획은 완벽해요.

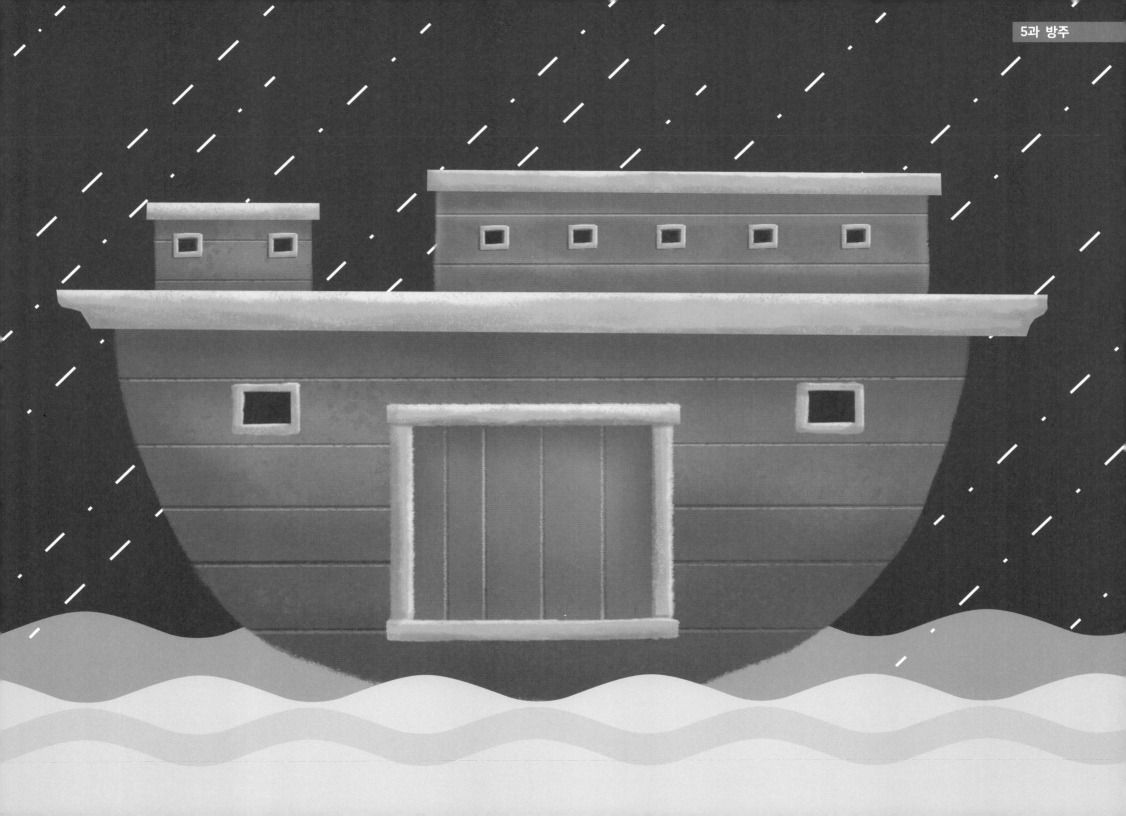

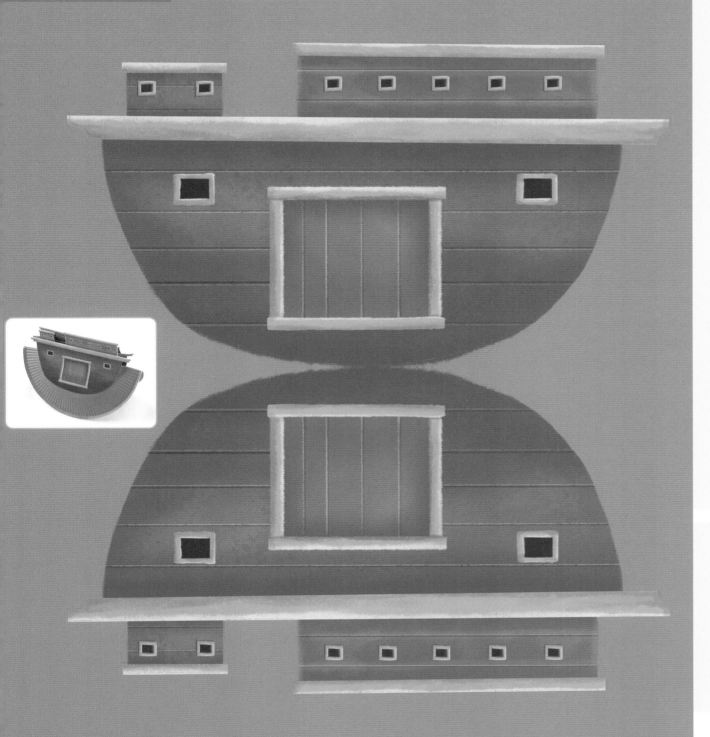

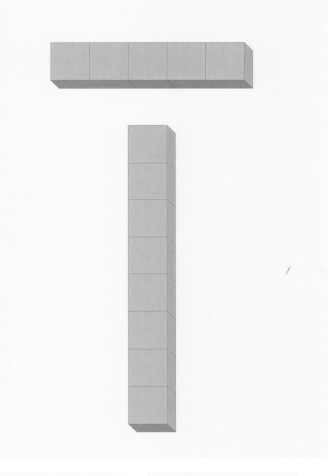

풀칠

풀칠

풀칠   풀칠

가족 활동

메시지 카드

1. 하나님이 세상을 창조하셨어요

창 1:1~25

부모님께

메시지 카드에는 아이들이 배운 성경 이야기를 되새기며 삶에 적용할 수 있는 '가족 활동'이 담겨 있습니다. 그림을 보며 성경 이야기를 회상하고 주제와 관련된 활동을 하며 가족의 부분을 나누어 보세요. 카드의 그림은 성경의 흐름을 기억할 수 있는 단서가 될 것입니다.

1권 '위대한 시작'에 담긴 가스펠

하나님이 만물을 창조하셨고, 그분이 만물의 주인이십니다(창 1:1; 골 1:16~17). 우리는 하나님께 맞서 죄를 지었습니다. 우리는 모두 죄인입니다(롬 3:23). 우리는 죄의 대가로 죽음을 맞이하게 되었습니다(롬 6:23). 그러나 예수님이 우리를 대신하여 죽으셨습니다(롬 5:8; 고후 5:21). 우리는 예수님을 믿고 죄를 회개하면 구원을 받습니다(롬 10:9~10, 13).

풀칠

풀칠

풀칠

1. 하나님이 세상을 창조하셨어요

단원 주제
하나님이 모든 것을 만드셨어요.

단원 암송
하나님은 한 분이세요(고전 8:6).

가스펠 포인트
하나님이 모든 것을 만드셨어요.
하나님이 만드신 것은 다 좋았어요.
하나님이 모든 것을 다스리세요.

가족과 활동해요
· '이야기 성경' 스티커를 붙이며 말씀을 기억해요.
· 온 가족이 함께 차를 타고 가면서 하나님이 만드신 세상을 감상해 보세요.
· 하나님이 만드신 세상에 대해 감사하는 기도를 드리고, "좋으신 하나님" 찬양을 불러요.

2. 하나님이 사람을 창조하셨어요
창 1:26~2:25

3. 죄가 세상에 들어왔어요
창 3:1~24

4. 가인과 아벨이 제물을 드렸어요
창 4:1~16, 25~26

5. 하나님이 노아와 가족을 구해 주셨어요
창 6:5~9:17

2. 하나님이 사람을 창조하셨어요

단원 주제
하나님이 모든 것을 만드셨어요.

단원 암송
하나님은 한 분이세요.

가스펠 포인트
하나님이 만드신 사람은 하나님을 닮았어요.
하나님이 만드신 사람을 하나님은 사랑하세요.
하나님이 모든 것을 다스리세요.

가족과 활동해요
• '이야기 성경' 스티커를 붙이며 말씀을 기억해요.
• 가족 한 사람, 한 사람이 왜 특별한지 서로 이야기 해 주는 시간을 가져 보세요.
• 우리 가족을 특별하게 만들어 주신 하나님께 감사 기도를 드려요.
• 잠식 들 때나 식사할 때 "○○○은 하나님이 사랑하시는 아들(딸)"이라고 말해 주세요.

3. 죄가 세상에 들어왔어요

단원 주제
하나님이 모든 것을 만드셨어요.

단원 암송
하나님은 한 분이세요.(고전8:6)

가스펠 포인트
하나님이 사람이 선택을 할 수 있도록 만드셨어요.
아담과 하와가 하나님이 정해 주신 규칙(명령)을 어졌어요.
하나님은 우리가 잘못된 선택을 할 때도 우리를 사랑하세요.
하나님은 우리를 사랑하셔서 예수님을 보내셨어요.

가족과 활동해요
• '이야기 성경' 스티커를 붙이며 말씀을 기억해요.
• 성경에서 '죄'가 세상에 들어온 누군 부분을 읽고, '죄'가 무엇인지 알아보세요.
• 가족이 무엇을 결정할 때마다 "하나님, 어떻게 할까요?"라고 물어보세요.

4. 가인과 아벨이 제물을 드렸어요

단원 주제
하나님이 모든 것을 만드셨어요.

단원 암송
하나님은 한 분이세요.(고전8:6)

가스펠 포인트
하나님이 모든 것을 만드셨어요. 가족도 하나님이 만드셨어요.
아담과 하와의 가족은 하나님께 순종하지 않았어요.
하나님은 우리를 사랑하셔서 예수님을 보내셨어요.

가족과 활동해요
• '이야기 성경' 스티커를 붙이며 말씀을 기억해요.
• 하나님께 잘못한 것이 생각나면 "하나님, ____을 잘못했어요. 용서해 주세요!"라고 소리 내어 기도 하세요.
• 가족이 함께 모여 다양한 표정으로 사진을 찍어요. 서로의 얼굴을 보면서 가족을 만들어 주 신 하나님께 감사 기도를 드려요.

5. 하나님이 노아와 가족을 구해 주셨어요

단원 주제
하나님이 모든 것을 만드셨어요.

단원 암송
하나님은 한 분이세요.(고전8:6)

가스펠 포인트
하나님은 좋으신 분이에요.
하나님은 거룩하세요.
하나님은 홍수에서 노아를 안전하게 지키셨어요.
하나님은 우리를 사랑하셔서 예수님을 보내셨어요.

가족과 활동해요
• '이야기 성경' 스티커를 붙이며 말씀을 기억해요.
• 담요(방주) 위에 아이를 태우고 끌어주는 '방주놀 이'를 하며 홍수에서도 노아의 가족을 안전하게 지 켜 주신 하나님을 기억해요.
• 가족들끼리 서로 안아 주면서 "예수님을 보내셔 리를 지켜 주신 하나님, 감사해요!"라고 말하세요.

6. 바벨탑을 쌓던 사람들이 흩어졌어요
창 11:1~9

7. 하나님이 아브라함과 언약을 맺으셨어요
창 12:1~3, 15:1~21, 17:1~9

8. 하나님이 아브라함을 시험하셨어요
창 22:1~19

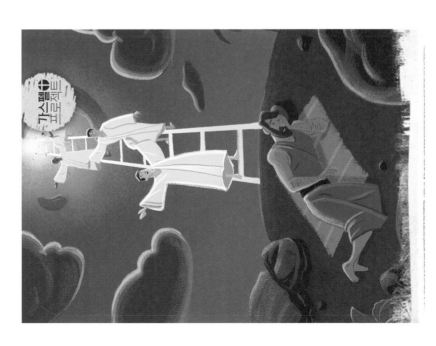

9. 하나님이 다시 약속하셨어요
창 25:19~26, 26:1~6, 28:10~22

6. 바벨탑을 쌓던 사람들이 흩어졌어요

단원 주제
하나님이 모든 것을 만드셨어요.

단원 암송
하나님은 한 분이세요(고전 8:6).

가스펠 포인트
하나님은 하나님의 말씀으로 사람을 사랑하게 하려고 사람을 만드셨어요.
하나님은 사람들의 말을 뒤섞어 버리셨어요.
언젠가 예수님은 사람들을 모두 모으실 거예요.

가족과 활동해요
• '이야기 성경' 스티커를 붙이며 말씀을 기억해요.
• 예수님을 믿는 이웃이나 친구와 함께 모여 하나님을 찬양하며 예배를 드리세요.

7. 하나님이 아브라함과 언약을 맺으셨어요

단원 주제
하나님이 약속하셨어요.

단원 암송
아브람이 하나님을 믿었어요(롬 4:3).

가스펠 포인트
하나님은 아브라함에게 약속하셨어요.
하나님은 언제나 약속을 지키세요.
하나님은 예수님을 아브라함의 자손으로 보내셨다고 약속하셨어요.

가족과 활동해요
• '이야기 성경' 스티커를 붙이며 말씀을 기억해요.
• 가족과 함께 맑은 날 밤하늘을 보면서 별을 세어 보세요, 언제나 약속을 지키시는 하나님에 관한 이야기를 나눠 보세요.
• 야광 별 스티커로 방을 꾸미고 아브라함에게 계 주신 하나님의 약속을 기억해 보세요.
• 가족들이 서로서로 새끼손가락을 걸며 "하나님은 꼭꼭 약속을 지키세요!"라고 말해요.

8. 하나님이 아브라함을 시험하셨어요

단원 주제
하나님이 약속하셨어요.

단원 암송
아브람이 하나님을 믿었어요(롬 4:3).

가스펠 포인트
우리가 가장 사랑해야 할 분은 하나님이에요.
하나님은 언제나 약속을 지키세요.
하나님은 예수님을 아브라함의 자손으로 보내셨다고 약속하셨어요.

가족과 활동해요
• '이야기 성경' 스티커를 붙이며 말씀을 기억해요.
• 사랑하는 아들을 하나님께 바치려 했던 아브라함의 마음은 어떠했을지 이야기를 나누어 보세요.
• 가족들이 서로서로에 손으로 하트를 하는 모양을 만들어 보이며 "OOO은 하나님을 최고로 사랑해요!"라고 말해요.
• 가족들 각자가 가지고 있는 가장 귀한 것이 무엇인지 생각해 본 후 "___은 하나님이 주신 거예요."라고 말해요.

9. 하나님이 다시 약속하셨어요

단원 주제
하나님이 약속하셨어요.

단원 암송
아브람이 하나님을 믿었어요(롬 4:3).

가스펠 포인트
하나님은 아브라함과 이삭과 야곱에게 약속하셨어요.
하나님은 예수님을 아브라함의 자손으로 보내셨다고 약속하셨어요.
하나님은 언제나 약속을 지키세요.

가족과 활동해요
• '이야기 성경' 스티커를 붙이며 말씀을 기억해요.
• 가족사진을 보면서 "하나님은 OOO을 사랑해요."라고 말해요.
• 손으로 십자가 모양을 만들며 "우리를 사랑하시는 하나님이 약속대로 예수님을 보내셨어요!"라고 말해요.
• 성경을 보며 "성경에는 하나님의 약속이 들어 있어요. 하나님은 모든 약속을 지키세요!"라고 말하고 성경에 뽀뽀해요.

10. 야곱이 복을 가로챘어요

창 25:27~34, 27:1~45

11. 하나님이 야곱에게 새 이름을 주셨어요

창 32~33장

12. 요셉이 이집트로 팔려 갔어요

창 37:1~36, 39:1~41:57

13. 요셉의 꿈이 이루어졌어요

창 42:1~46:34, 50:15~21

10. 야곱이 복을 가로챘어요

단원 주제
하나님의 계획은 완벽해요.

단원 암송
"두려워하지 말라. 내가 너와 함께 있다"(창 26:24).

가스펠 포인트
하나님의 계획은 완벽해요.
하나님은 아곱에게 복을 주기로 계획하셨어요.
하나님은 예수님을 아곱의 자손으로 보내기로 계획하셨어요.

가족과 활동해요
• '이야기 성경' 스티커를 붙이며 말씀을 기억해요.
• 각자 소원을 말하고, "우리의 소원은 하나님의 계획 안에 있어요"라고 기도해요.
• 불 꺼진 부엌 진처럼 "하나님의 계획은 완벽해요"라 고 말해요.
• 잠자리에 들 때 "하나님의 계획대로 예수님을 보내 주셔서 감사해요"라고 기도해요.

11. 하나님이 야곱에게 새 이름을 주셨어요

단원 주제
하나님의 계획은 완벽해요.

단원 암송
"두려워하지 말라. 내가 너와 함께 있다"(창 26:24).

가스펠 포인트
하나님은 아곱의 이름을 이스라엘로 바꿔 주셨어요.
하나님이 선택하신 백성의 이름도 이스라엘이에요.
하나님은 예수님을 이스라엘의 자손으로 보내셨어요.

가족과 활동해요
• '이야기 성경' 스티커를 붙이며 말씀을 기억해요.
• '강지처럼 태우기 대회'나 '엄지손가락 씨름 대회'를 열어 보세요. 이긴 사람은 "하나님의 계획은 이루 도 막을 수 없어요"라고 말해요.
• "하나님의 이름(딸) OOO"이라고 적어서 방문 앞 에 붙여요.

12. 요셉이 이집트로 팔려 갔어요

단원 주제
하나님의 계획은 완벽해요.

단원 암송
"두려워하지 말라. 내가 너와 함께 있다"(창 26:24).

가스펠 포인트
하나님이 우리를 위해 좋은 계획을 세우셨어요.
하나님은 이집트에 간 요셉을 돌보셨어요.
우리도 언제나 하나님을 믿을 수 있어요.

가족과 활동해요
• '이야기 성경' 스티커를 붙이며 말씀을 기억해요.
• 주변에 어려움을 겪고 있는 가정과 함께 그룹을 위해 기도하는 시간을 가져 보세요.
• 마리카를 서로서로 빗어 주며 주께 "하나님이 돌보세 요"라고 이야기해요.

13. 요셉의 꿈이 이루어졌어요

단원 주제
하나님의 계획은 완벽해요.

단원 암송
"두려워하지 말라. 내가 너와 함께 있다"(창 26:24).

가스펠 포인트
하나님은 좋은 계획을 세우셨어요.
하나님의 계획은 완벽해요.
하나님은 믿음을 통해 구주되신 이스라엘(아곱)의 가족 을 구해 주셨어요.

가족과 활동해요
• '이야기 성경' 스티커를 붙이며 말씀을 기억해요.
• 딸을 것이 없었던 아곱의 가족을 생각하며 마음 첫 을 모아 구호 단체에 기부해 보세요.
• 가족사진을 보며 "우리를 구원해 주신 예수님, 감 사해요! 믿지 않는 OOO을 구원해 주세요! 하나 님의 계획은 아무도 막을 수 없어요"라고 기 도해요.

야곱과 에서 꾸미기

하나님의 사랑

요셉의 형들

1과

2과

3과

4과

5과

6과

7과

8과

9과

10과

11과

12과

13과